Une année de

Découvrir l'ordinateur avec les 5/6 ans

Isabelle Charrière

NATHAN
pédagogie

Pour pratiquer la pédagogie différenciée

● La pédagogie d'aujourd'hui

La gestion du temps d'une classe maternelle se présente aujourd'hui comme une véritable gageure car il faut tout à la fois :
– faire travailler les enfants par petits groupes ;
– varier les activités pour les adapter sans cesse aux motivations et disponibilités de chacun ;
– faire en sorte que tous les enfants soient également sollicités ;
– être disponible à tous afin que chacun se sente personnellement concerné.
Les présents cahiers offrent une solution en proposant un **autre fonctionnement de la classe**.

● L'Unité Pédagogique

À la suite d'un moment collectif, qui ne se trouvera pas modifié par nos propositions et qui a pour but d'informer les enfants sur ce qu'ils vont faire et sur ce qu'on attend d'eux, on va distinguer et organiser deux types d'activités.
Pour chaque séquence :
– une **Unité Pédagogique** (UP) ;
– des **Activités Satellites** (AS).
L'Unité Pédagogique est une séquence, une situation dans laquelle cinq enfants, environ, *en présence et en collaboration avec le maître*, se livrent à une activité.
On peut différencier deux sortes d'UP :
– les cognitives ou de découverte, qui se situeront surtout le matin ;
– les créatives l'après-midi.

Une UP est une activité pédagogique structurée où le maître fait agir, réfléchir, argumenter, imaginer, prévoir. On aborde souvent des notions précises, on acquiert aussi des connaissances et des savoir-faire.
Le maître, meneur de jeu et observateur, aide ce petit groupe à aller le plus loin possible dans ses découvertes. Il est attentif au cheminement de chacun, à la démarche individuelle, variable d'un enfant à l'autre. Il aide dans l'appropriation d'un savoir. Enfin, il évalue pour organiser les prolongements nécessaires.
Ce moment sera repris plusieurs fois, au gré des maîtres, pour une répartition sur la semaine, de telle sorte que chaque enfant ait pu en bénéficier.
Dans cette réorganisation de la classe, une demi-journée est réservée aux bilans.

● Les Activités Satellites

Ce sont les activités auxquelles se livrent les autres enfants de la classe, répartis en trois ou quatre groupes. Ces petits groupes sont autonomes. Les enfants sont occupés, certes, mais ne sont pas étrangers à ce qui se passe avec le maître. Les Activités Satellites sont, dans la plupart des cas, des moments au cours desquels on s'exerce, « on fait des gammes ». Ce sont des ateliers organisés, soit pour précéder, préparer une UP en assurant dans le temps son intégration à la personne de l'enfant, soit pour la prolonger. En général, on n'y apprend rien de nouveau.

Ces tâches affermissent les connaissances et affinent les compétences.
Un lien avec l'UP existe dans certaines AS spécifiques. Dans d'autres cas, il n'y a pas de lien direct.
Si toutes les AS n'ont pas une filiation avec l'UP, toute UP trouve obligatoirement écho et prolongement dans quelques AS.
Au moment des bilans et des évaluations, les maîtres perçoivent soit la nécessité d'organiser de nouvelles UP qui répondront aux manques observés, soit de nouvelles AS.

● Du travail pour une année

La pratique ici développée répond à un double mouvement :
– **spiralaire**, en ce que, chaque séquence d'unité pédagogique est reprise avec un autre groupe : quand le maître travaille avec quelques enfants seulement, les autres ne sont pas interdits d'écoute pour autant. Tout se passe donc comme si chaque élève était informé plusieurs fois, sur un même sujet, de façon différente, tant il est vrai que les maîtres ne refont jamais la même séance ;
– **linéaire**, en ce qu'une notion ne s'épanouit et ne se déploie qu'à travers une progression qui se situe dans le temps. Dans chaque cahier se développe un projet éducatif qu'on ne saurait réduire à un centre d'intérêt.
Pour atteindre cet objectif, les séquences proposées s'enrichissent à chaque reprise et s'étalent souvent sur l'année scolaire.

Y. Jenger-Dufayet

© Éditions Nathan, 2001
ISBN 2-09-121 510-4

Introduction

DÉCOUVRIR L'ORDINATEUR AVEC LES 5/6 ANS

Depuis plusieurs années, dans notre vie quotidienne, professionnelle et privée (bureau, magasins, médias…), nous assistons à la montée en puissance du multimédia. Selon les directives des Instructions officielles, l'informatique doit pénétrer les structures scolaires afin de donner à chaque enfant les moyens de maîtriser ce nouvel « outil », tout en l'intégrant à son quotidien.
Quelle fabuleuse aventure, source de découvertes, de savoir et de communication !

Objectifs des activités :

- **Sensibiliser l'enfant** et **le former** aux bases informatiques dans un environnement ludique et créatif.
- **Présenter** des activités sur un support informatique adapté (logiciels, CD-Rom, imprimante…).
- **Respecter** son rythme.
- **Développer** ses qualités personnelles :
  – son sens de l'initiative,
  – son sens pratique, sa créativité,
  – son autonomie, sa confiance en lui,
  – le plaisir d'apprendre et d'approfondir.

Ici l'outil informatique doit être considéré et présenté comme un outil de travail, il ne se substitue en aucun cas à un enseignement « classique » mais se révèle être un **complément** de travail **stimulant** (déclencheur de curiosité) et **efficace**.
En ce sens, chaque enfant pourra être accompagné sur le chemin d'une formation **enrichissante et épanouissante**.

Plus répandus, notamment au sein de l'Éducation nationale, les ordinateurs PC sont ceux que l'on utilise dans les différentes UP et AS de cet ouvrage. Les utilisateurs de Macintosh n'auront cependant aucun mal à transposer les activités proposées, les logiciels présentés tournant tous sur double plate-forme.

Le maître averti en informatique trouvera très vite ses points de repère ; le débutant discernera et comprendra facilement **la logique** utilisée dans les explications précises et concrètes, ainsi que dans les illustrations des différentes séquences. Cette découverte informatique lui permettra de développer, pas à pas, les activités décrites et d'en élaborer de nouvelles, en fonction des objectifs scolaires et du niveau d'apprentissage des enfants en cours d'année (dans le cadre d'un travail collectif ou individuel, ou encore d'un soutien scolaire).
Il s'agit ici de **relier la pédagogie à l'outil**.

Les enfants ont besoin de repères visuels et pratiques, bref, d'acquérir progressivement des **automatismes** dans chaque séquence. Ils doivent pouvoir évoluer avec **autonomie et plaisir**…
C'est la raison pour laquelle les activités décrites ici sont évolutives et, dans un premier temps, il est préférable de respecter leur ordre. En cours d'année, chaque UP pourra être reprise séparément.

Trois logiciels – à acheter s'ils ne sont pas fournis avec votre ordinateur (un de coloriage, un de PAO et un programme éducatif) – sont présentés dans les activités et servent de support au travail réalisé. Ils ont été choisis pour leur contenu pédagogique reconnu, mais un programme équivalent pourra être utilisé de la même manière.

Chacun prend conscience aujourd'hui que la maîtrise de l'outil informatique est devenue **incontournable** pour les enfants. Ceux-ci ont la chance de pouvoir commencer leur apprentissage dans un environnement informatique amusant et constructif, d'allier le plaisir ludique à l'acquisition de connaissances variées.
Ces activités contribuent ainsi au **développement** et à la **construction personnelle** des « bambins », pour leur présent et leur futur.

Isabelle Charrière
Formatrice en informatique,
Centre d'éveil à l'informatique « Bambin'formatique ».

Séquence 1

PRÉSENTATION D'UN ORDINATEUR

Une Unité Pédagogique		Des Activités Satellites
Titre : Présentation d'un ordinateur **Nombre d'enfants :** 8 **Durée :** 45 minutes **Reprises :** 2 fois **Période de l'année :** septembre-octobre	AS 1 AS 2	**Titre :** Relier les éléments d'un ordinateur **Nombre d'enfants :** 8 à 10 **Titre :** Une souris à modeler **Nombre d'enfants :** 8 à 10

Une UP cognitive avec le maître

● Matériel

– Les ordinateurs de la classe.
– Une imprimante.

● Objectifs

- Familiariser les enfants avec l'ordinateur.
- En identifier les parties principales et leurs fonctions.
- Rechercher les conditions les meilleures pour travailler et jouer à l'ordinateur.

● Stratégie

Premier temps : Langage
Le maître conduit les enfants dans la salle des ordinateurs et organise une séance de langage où chacun fait part de ses connaissances, de son expérience ou de son ignorance. Très vite, il distingue deux groupes d'enfants, ceux qui utilisent un ordinateur à la maison, et les autres. Le maître fait raconter à chacun ce qu'il sait – on évoque le libraire, le pharmacien, les parents qui font une commande ou qui zappent sur l'ordinateur, etc. Le maître repère le vocabulaire utilisé par les enfants expérimentés : ils emploient le mot *écran, souris, logiciel, Internet*. Le maître constate que ceux qui se servent du clavier en ignorent souvent le nom ; on précise tous ces termes.

Deuxième temps : Utiliser les mots exacts
Tenter, en observant l'ordinateur, de définir des mots nouveaux.
L'écran : les enfants le comparent tout de suite à un écran de télévision.
Une fois allumé, il permet de voir des images et du texte mais aussi le contenu de l'ordinateur. Les enfants entraînés évoquent des jeux et racontent aux autres comment ils s'en servent.

La souris : c'est une petite boîte qui est reliée à l'unité centrale par un grand fil. Des enfants comparent ce dernier à la queue d'une souris. La souris permet de se diriger sur l'écran et de choisir ce que l'on veut faire. Sur le dessus de la souris, les enfants distinguent deux boutons que l'on peut enfoncer (un sur Macintosh).
Le clavier : il est composé de nombreuses touches, principalement des lettres de l'alphabet et des chiffres. Les enfants parlent des touches qui représentent des lettres ou des chiffres et qu'ils connaissent déjà. Ils en déduisent très vite la fonction du clavier : écrire des mots, des textes et taper des chiffres.
Le maître attire maintenant l'attention sur le volume de l'ordinateur et parle de **l'unité centrale :** en forme de tour ou de boîte rectangulaire aplatie, elle renferme toutes les pièces nécessaires au bon fonctionnement de l'ordinateur et le maître la compare au moteur d'une voiture. Il montre aux enfants que le fil de l'écran, de la souris et du clavier sont reliés derrière l'unité centrale, elle-même branchée sur la prise électrique.
Enfin, l'attention se porte sur **l'imprimante**. Certains enfants qui l'utilisent à la maison expliquent qu'une fois leur dessin terminé à l'écran, l'imprimante va le repro-

duire sur une feuille de papier. Le maître note au cours de cet échange l'enthousiasme de ces enfants qui concrétisent grâce à l'imprimante leur création pour la montrer fièrement à leur entourage, l'offrir ou la conserver.

Troisième temps : Rechercher les meilleures conditions Demander si l'on peut travailler ou jouer à l'ordinateur dans le bruit, en étant mal assis, ou avec la lumière directe sur l'écran. Les réponses négatives des enfants les amènent naturellement à appliquer les consignes du maître. Les enfants s'assoient devant les ordinateurs, les yeux se situent à bonne hauteur, au niveau de la partie supérieure de l'écran, et ils vérifient qu'aucun reflet ne les gêne. Enfin, ils constatent que dans un environnement calme, ils sont plus détendus et plus attentifs.

À partir des commentaires recueillis, le maître forme des groupes de travail homogènes. Autrement dit, il met ensemble deux enfants expérimentés, puis un enfant informé et un autre non initié, en tenant compte des affinités, en vue d'un travail à deux qui soit complémentaire.

À la fin, en conclusion, on redit les mots que l'on a appris afin de commencer à intégrer un petit vocabulaire informatique indispensable.

● Évaluation

• Les enfants ont-ils été capables de replacer l'outil informatique dans un contexte quotidien ?
• Ont-ils réussi à définir et à se familiariser avec les différents éléments qui composent l'ordinateur ?
• Ont-ils perçu l'intérêt d'un environnement de travail adapté ?

● Prolongements

Chacun rangera dans un classeur grand format tous les travaux réalisés en informatique pendant l'année scolaire. On décorera ce classeur en découpant dans une publicité les différentes parties de l'ordinateur puis en les collant sur une feuille blanche. Le travail réalisé sera rangé dans une pochette plastique, puis dans le classeur.

● Remarques et conseils

Les enfants en début d'année n'ont pas tous le même niveau eu égard au contexte familial informatique dans lequel ils évoluent. Certains sont déjà très à l'aise et d'autres pas, il leur faut en général trois séances d'adaptation pour se familiariser avec l'outil. L'important, c'est que chacun puisse évoluer à son rythme. Dans la formation des groupes, veiller à ce qu'on ne retrouve pas un dominant et un dominé car chaque enfant doit participer activement à cette initiation. Le vocabulaire informatique – assez riche pendant les trois premières séquences – doit être largement utilisé et répété afin que les enfants puisse l'intégrer correctement.

■ Des Activités Satellites

● AS 1 : Relier les éléments d'un ordinateur

Dessiner les différentes parties de l'ordinateur – écran, clavier, souris, unité centrale – et tracer au feutre les fils qui les relient.

● AS 2 : Une souris à modeler

Une souris informatique sert de modèle. Les enfants disposent d'un bloc de pâte à modeler qu'il vont partager en deux. Ils pétrissent la pâte pour former le corps, puis l'autre morceau pour la queue avant de les réunir. Puis ils tracent sur le dos de la souris un petit trait vertical et horizontal pour simuler les deux boutons.

Séquence 2

PREMIERS CONTACTS AVEC L'ORDINATEUR

Une Unité Pédagogique	Des Activités Satellites

Titre : Premiers contacts avec l'ordinateur
Nombre d'enfants : 8
Préparation du maître : 30 minutes
Durée : 45 minutes
Reprises : 1 fois
Période de l'année : septembre-octobre
	AS 1 **Titre :** Savoir identifier des éléments
	         Nombre d'enfants : 10
	AS 2 **Titre :** Travail de lecture
	         Nombre d'enfants : 10

▬ Une UP cognitive avec le maître

● Matériel

– Les ordinateurs de la classe.
– Un tapis de souris pour chaque ordinateur.

● Objectifs

- Repérer les boutons qui permettent d'allumer l'ordinateur.
- Découvrir le bureau de Windows et commencer à utiliser la souris.
- Éteindre l'ordinateur en respectant les consignes.

● Préparation

Créer sur le bureau de Windows, les deux icônes que les enfants vont observer et qui représentent le programme *Wordpad* (traitement de texte) et *Paint* (dessin). Suivre successivement ces étapes : cliquer sur le bouton « Démarrer », pointez sur « Programmes », puis sur le volet qui se déroule, sur « Accessoires », enfin sur le troisième volet, cliquez sur *Wordpad* avec le bouton droit de la souris. Choisir l'option « créer un raccourci ». Il se crée en bas de liste. Cliquer sur le raccourci en gardant le doigt enfoncé sur la souris et le transporter sur le bureau en le faisant glisser, puis relâcher. Recommencer l'opération pour *Paint*.

● Stratégie

Premier temps : Observer
Dans la salle informatique, les groupes sont définis et les enfants sont assis confortablement devant les ordinateurs. Le maître demande de repérer les boutons qui permettent d'allumer les ordinateurs. Enthousiastes, les enfants observent l'unité centrale puis l'écran. Ils découvrent facilement l'emplacement du bouton de l'unité centrale situé généralement devant et au centre du panneau. Ils décrivent ce bouton : il est gris, gros et rond. Ils repèrent également très vite, de façon presque intuitive, le bouton de l'écran situé en bas et à droite de l'écran. Encouragés par le maître, les enfants décident d'allumer les ordinateurs et appuient sur les deux boutons.

Deuxième temps : Découvrir le bureau, manipuler la souris
Les enfants remarquent que l'ordinateur ronronne quelques secondes avant de s'arrêter sur une image fixe qui occupe tout l'écran. Le maître fait raconter à chacun ce qu'il sait et ce qu'il voit. On parle surtout des petites images répandues sur l'écran et on décrit des éléments connus : une image représente un pot de peinture avec des pinceaux, et l'autre un crayon sur une feuille de papier. Certains savent déjà que la première image permet de dessiner ; les autres déduisent alors que la seconde image permet d'écrire.
Les enfants déjà entraînés parlent du bureau de Windows

et de ses icônes. Le maître constate que ces élèves reproduisent spontanément des termes employés par leurs proches sans en connaître la signification et on en profite pour définir ces mots.

Le bureau : c'est le premier écran fixe qui s'affiche lorsque l'ordinateur est allumé. Comme sur un bureau classique, différents objets sont posés sur le bureau de Windows : on les appelle aussi des **icônes**.

Les enfants observent maintenant sur l'écran une petite flèche blanche immobile. Le maître leur suggère de prendre la souris, de mettre la main dessus en l'enveloppant, de poser l'index sur le bouton gauche et de la déplacer doucement sans la soulever en la faisant glisser sur la surface du tapis de souris (les gauchers pourront poser le majeur sur le bouton gauche). On constate que la petite flèche blanche de l'écran se déplace dans la même direction que le déplacement de la souris sur le tapis. Le maître explique que cette flèche blanche s'appelle un **pointeur**.

Troisième temps : Éteindre l'ordinateur
Pour que l'ordinateur puisse fonctionner correctement, il faut apprendre à l'éteindre en respectant des consignes précises. Le maître expose aux élèves les étapes à suivre :

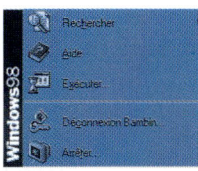

1. Placer le pointeur, puis cliquer en bas et à gauche de l'écran sur le bouton « **Démarrer** ». Il est facilement repérable car il est précédé d'un symbole en couleurs. Au passage, les enfants signalent qu'ils ont entendu un « clic ». Le maître explique que « **cliquer** », c'est appuyer sur le bouton gauche de la souris puis relâcher ce bouton. Il sert à **sélectionner**, c'est-dire à choisir ce que l'on veut faire.

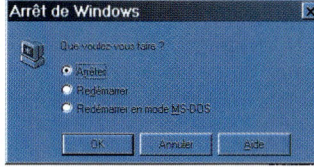

2. Sur la liste qui s'affiche, les enfants dirigent le pointeur puis cliquent sur la commande « **Arrêter** ».

3. Le maître intervient pour lire et expliquer le message qui s'affiche à l'écran et propose pour conclure la procédure de cliquer sur le bouton **OK**.

4. Enfin, les enfants observent : les nouveaux ordinateurs s'éteignent automatiquement, sinon on attend le message de l'écran : « vous pouvez maintenant éteindre votre ordinateur en toute sécurité » pour appuyer sur le bouton de l'écran et de l'unité centrale, ce sont les mêmes boutons qui ont servi à les allumer.

● Évaluation

• Les enfants ont-ils localisé et mémorisé l'emplacement des boutons qui permettent d'allumer l'ordinateur ?
• Se sont-ils montrés habiles avec la souris et ont-ils bien établi la relation entre le pointeur sur l'écran et les mouvements de la souris sur le tapis ?
• Ont-ils suivi les étapes pour éteindre l'ordinateur ?

● Prolongements

Le maître approfondit le travail de manipulation de la souris par un jeu de notion d'espace. Les enfants dirigent le pointeur en haut, puis en bas, puis à gauche, puis à droite de l'écran.

● Remarques et conseils

Cette séquence présente un aspect un peu technique mais indispensable. Celle-ci ne sera reprise qu'une fois en UP puisque les enfants réinvestiront leurs connaissances chaque fois qu'ils utiliseront l'ordinateur. Ils découvrent ici la **logique informatique :** chaque objet a sa place et l'exécution des commandes se fait dans un ordre donné.

▬ Des Activités Satellites ▬

● AS1 : Savoir identifier des éléments

Dessiner un écran, coller une pastille rouge à l'emplacement du bouton qui sert à l'allumer. Sur une souris informatique photocopiée, repérer le bouton gauche et le colorier en vert.

● AS2 : Travail de lecture

Recopier le mot « Démarrer » en lettres capitales ou script, puis jouer à reconnaître des lettres, localiser la première et la dernière, colorier le symbole correspondant.

Séquence 3

OUVRIR ET FERMER UN PROGRAMME

Une Unité Pédagogique		Des Activités Satellites
Titre : Ouvrir et fermer un programme **Nombre d'enfants :** 8 **Durée :** 30 minutes **Reprises :** 2 fois **Période de l'année :** octobre-novembre	AS 1	**Titre :** Dessiner une icône **Nombre d'enfants :** 8
	AS 2	**Titre :** Compléter une fenêtre **Nombre d'enfants :** 8
	AS 3	**Titre :** Dessiner la barre des titres **Nombre d'enfants :** 8

■ Une UP cognitive avec le maître

● Matériel

Les ordinateurs de la classe.

● Objectifs

- Utiliser le double-clic pour ouvrir un programme.
- Découvrir des éléments fixes d'une fenêtre.
- Fermer un programme.

● Stratégie

Premier temps : Langage
Les enfants sont assis dans la salle d'ordinateurs. En réutilisant leurs connaissances et sous le regard du maître, ils allument les postes informatiques. Sur le bureau de Windows, on retrouve l'icône qui représente le pot de peinture, on le nomme « Paint », du mot anglais « peindre », et on rappelle qu'il sert à dessiner. Le maître précise alors cette notion : pour écrire, dessiner et jouer, on a besoin de petits programmes appelés aussi **logiciels**. Chacun donne un exemple : le logiciel de dessin sert à dessiner, le logiciel de traitement de texte sert à écrire, le logiciel de jeux permet de jouer... Les enfants expérimentés évoquent les logiciels installés chez eux : l'encyclopédie de cuisine de maman, le logiciel de papa qui permet de suivre ses comptes.

Deuxième temps : Expérimentation
Après cet échange très instructif, le maître explique que pour ouvrir et lancer le programme *Paint*, il faut **double-cliquer** sur son icône avec la souris. On rappelle comment cliquer et les enfants en déduisent que

« double-cliquer », c'est appuyer deux fois sur le bouton gauche de la souris. Certains recommencent plusieurs fois la manœuvre car un double-clic doit être très rapide, sinon il ne se passe rien : le programme ne s'ouvre que lorsque les deux clics successifs sont très rapprochés.
Un grand rectangle qui tient toute la place sur l'écran attire alors l'attention ; des enfants initiés parlent de **la fenêtre**. Le maître explique qu'on peut voir des objets et du texte dans cette fenêtre ; il n'hésite pas à la comparer à celle d'une maison où l'on peut voir différentes choses, lorsqu'elle est ouverte. On raconte ce que l'on voit et on imagine déjà ce qu'on peut faire : on parle d'un crayon et d'un pinceau qui vont permettre de dessiner, on évoque des formes – le rond, le carré – qui seront reproduites, une palette de couleurs pour colorier, une grande surface blanche qui ressemble à la feuille sur laquelle on pourra dessiner.
Le maître attire davantage l'attention des enfants sur la barre horizontale du haut de l'écran où l'on peut lire le mot « Paint » et leur explique que chaque fenêtre a un

titre tout comme chaque enfant porte un nom, pour le distinguer des autres. On précise que cette barre s'appelle **la barre des titres.**

Sur la droite de cette barre les enfants observent trois boutons, et le maître leur demande de cliquer sur la petite croix. On constate que la fenêtre s'est refermée. On s'entraîne à tour de rôle à ouvrir et à fermer ce programme. Le maître précise que la petite croix qui permet de refermer la fenêtre s'appelle le **bouton de fermeture**.

À la fin de la séance, on éteint les ordinateurs en respectant les consignes ; le maître guide les enfants à travers les différentes étapes du processus. On répète les nouveaux mots appris : *logiciel, double-cliquer, fenêtre, Paint, barre des titres, bouton de fermeture.*

● Évaluation

- Les enfants ont-ils saisi la différence entre le simple clic et le double-clic ?
- Ont-ils réussi à repérer deux des éléments fixes de la fenêtre : le nom du logiciel ainsi que le bouton de fermeture ?

● Prolongements

Les enfants s'entraînent sur d'autres icônes. Ils repèrent celle du traitement de texte qui permet d'écrire. Ils ouvrent et ferment le programme plusieurs fois afin d'acquérir des repères visuels et des automatismes.

● Remarques et conseils

Les enfants ont maintenant acquis des points de repère indispensables et commencent à acquérir une méthode de travail. Les connaissances vont être réutilisées en permanence. En fonction du comportement, du savoir et des initiatives de chacun, il peut être intéressant de reconstituer certains groupes de travail, et même, en fonction des possibilités, de faire travailler certains enfants seuls.

Des Activités Satellites

● AS 1 : Dessiner une icône

Après avoir rappelé les icônes étudiées dans la séquence, chaque enfant imagine puis dessine, sur une feuille de papier, une icône représentative de la classe.

● AS 2 : Compléter une fenêtre

Une très grande feuille de papier blanc évoque pour les enfants le dessin d'une fenêtre qui semble vide. Seul le titre « Les enfants de la classe de GS » est écrit en haut sur la barre des titres. Guidés par le maître, les enfants imaginent ce qu'ils pourraient y trouver. Chacun doit dessiner son portrait et inscrire dessous son prénom.

● AS 3 : Dessiner la barre des titres

Reproduire de mémoire la barre des titres de *Paint*.

Séquence 4

DESSINER AVEC *PAINT*

Une Unité Pédagogique	Des Activités Satellites	
Titre : Dessiner avec *Paint* **Nombre d'enfants :** 8 **Préparation du maître :** 15 minutes **Durée :** 45 minutes **Reprises :** 9 fois avec des thèmes différents **Période de l'année :** octobre à juin	AS 1 AS 2 AS 3	**Titre :** Création libre **Nombre d'enfants :** 8 **Titre :** Le contenu d'une trousse **Nombre d'enfants :** 8 **Titre :** Collage de formes **Nombre d'enfants :** 8

Une UP cognitive avec le maître

● Matériel

– Les ordinateurs de la classe, l'imprimante.
– Des feuilles de papier blanc format A4.
– Le logiciel *Paint*.

● Objectifs

- Tracer des formes et utiliser les outils de *Paint*.
- Comprendre leurs fonctions.
- Imprimer le document terminé.

● Stratégie

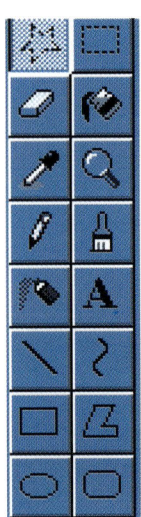

Premier temps : Observation
Le maître explique aux enfants que l'on va dessiner des formes et les colorier en utilisant le logiciel *Paint*. On s'interroge sur les formes connues et on décide pour commencer de tracer des ronds, des carrés et des rectangles de différentes tailles et de les colorier librement. Après avoir allumé les postes informatiques et double-cliqué sur l'icône de *Paint*, on observe plus précisément la fenêtre.
Sur la partie gauche, les enfants commentent ce qu'ils voient et ce qu'ils connaissent : un crayon, un pinceau, une lettre A, un pot de peinture qui se renverse, une gomme jaune, une ligne, un rond, un carré…

Le maître souligne que tous ces éléments s'appellent **des outils** et les compare au contenu de leur trousse. En bas à gauche de la fenêtre, on définit les couleurs de la palette.

Deuxième temps : Expérimentation
Le maître propose aux enfants de cliquer sur l'outil en forme de carré, puis de cliquer sur une couleur et enfin de tracer sur la surface blanche. Les plus avancés comprennent vite que pendant toute la durée du traçage, il faut garder le doigt enfoncé sur le bouton gauche de la souris, puis le relâcher quand on a terminé. L'outil en forme de pot de peinture renversé fait de nombreux adeptes car il est idéal pour remplir une forme fermée. Les enfants tracent maintenant des rectangles et des cercles de différentes tailles, certains utilisent la gomme selon le même principe, et sont très satisfaits de son entière efficacité. Les enfants parlent de magie !

Troisième temps : Impression du dessin
Quand les enfants ont utilisé la totalité de l'espace et sont satisfaits de leur travail, le maître leur propose d'***imprimer*** leur création.

On vérifie que le bouton de l'imprimante est bien allumé et que les feuilles de papier sont en place. Le maître guide les enfants pour rechercher en haut de l'écran la commande « Imprimer » du menu « Fichier ». Lorsque la fenêtre d'impression s'affiche, on clique sur le bouton OK. Le travail réalisé est concrétisé et chacun obtient une copie.
Le maître valorise les créations. Les enfants, ravis, rangent leur document dans le classeur.
Il ne reste plus qu'à refermer le programme, à éteindre les ordinateurs et l'imprimante.
Avant de conclure, on rappelle la fonction des mots nouveaux : *outils*, *imprimer*.
Enfin, le maître recueille les commentaires et on s'interroge sur le thème des prochaines créations.

● Évaluation

- Les enfants ont-ils réussi à manipuler et à tracer des formes avec les outils appropriés ?
- Ont-ils saisi que l'icône qui commande l'impression restitue sur une feuille une copie parfaite du travail sur écran ?

● Prolongement

À partir du dessin réalisé et imprimé, on nomme les formes et on compare les tailles.

● Remarques et conseils

- Les enfants sont toujours très enthousiasmés par la création. On commence ici avec un tracé simple et ils devront par la suite, avec un peu d'expérience, affiner la précision de leurs gestes pour progresser. On tiendra compte des progrès de chacun, des périodes de l'année et des projets des enfants, pour leur proposer des thèmes attrayants : les champignons, les fleurs, les colliers, les boules de Noël, les bonshommes de neige, les sapins, les œufs de Pâques décorés, les bateaux, le soleil et la mer sont autant de sujets qui inspirent les enfants. On pourra tracer des lignes, des vagues, des ponts, des boucles…, associer des notions étudiées en classe à un travail sur informatique pour le compléter.
- Une phase de préparation est indispensable car elle permet de découvrir et de manipuler tous les outils, de s'entraîner – on remarquera qu'il est plus difficile de dessiner avec l'outil crayon qu'avec le traditionnel crayon à papier – pour aider les enfants qui le demanderont ou ceux qui seront très hésitants.

━━ Des Activités Satellites ━━

● AS 1 : Création libre

Découvrir d'autres outils de *Paint* et les expérimenter au cours d'une création libre sur l'ordinateur.

● AS 2 : Le contenu d'une trousse

Découper dans un catalogue les instruments qui servent à peindre et dessiner et dire à quels outils de *Paint* on peut les comparer.

● AS 3 : Collage de formes

Découper et coller sur une feuille des formes identiques à celles qui ont été créées sur *Paint*.

Séquence 5

DÉCOUVRIR LE CLAVIER AVEC *WORDPAD*

Une Unité Pédagogique		Des Activités Satellites
Titre : Découvrir le clavier avec *Wordpad* **Nombre d'enfants :** 8 **Préparation du maître :** 20 minutes **Durée :** 45 minutes **Reprises :** 8 fois avec des thèmes différents **Période de l'année :** novembre à juin	AS 1 AS 2	**Titre :** Saisir des mots **Nombre d'enfants :** 8 **Titre :** Repérage sur le clavier **Nombre d'enfants :** 8 à 10

Une UP cognitive avec le maître

● Matériel

– Les ordinateurs de la classe.
– Du papier blanc ou de couleur format A4.
– Le logiciel *wordpad*.

● Objectifs

• Se familiariser avec le clavier et reconnaître des lettres.
• Saisir son prénom.
• Modifier la taille et la couleur des caractères.

● Préparation

Cette séquence nécessite une petite préparation préalable du maître : se familiariser avec le clavier et le traitement de texte. S'entraîner en reprenant tous les points successifs de la séquence.

● Stratégie

Premier temps : Observation et découverte du clavier
Au cours d'une séance de langage, le maître fait raconter aux enfants ce qu'ils voient sur le clavier et les touches qu'ils connaissent. Leur regard se porte naturellement sur les lettres du clavier. On évoque les lettres étudiées en classe et on reconnaît les chiffres sur la partie droite. On remarque que certaines touches ont des signes qu'on ne connaît pas. Certains élèves parlent de la **touche espace** le maître en profite pour la décrire : longue et mince, elle se situe en bas et au centre du clavier, elle permet de séparer les mots afin qu'ils ne se touchent pas.
En concertation, on décide de saisir son prénom à l'aide du clavier.

Deuxième temps : Expérimentation
Les enfants mettent en route les ordinateurs et lancent le programme qu'il reconnaissent facilement : l'icône représentant la petite feuille et le crayon. Le maître rappelle que cette icône qui sert à écrire s'appelle un logiciel de **traitement de texte**. Ceux qui voient leur parents s'en servir parviennent à le nommer : c'est **Wordpad**.
On observe et on commente la fenêtre.

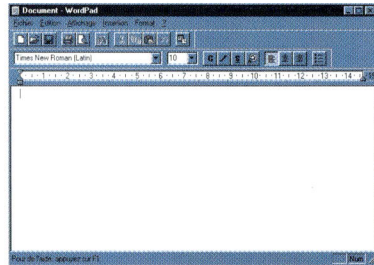

La partie principale est toute blanche et les enfants en déduisent naturellement qu'ils vont écrire dessus. En haut, on visualise l'icône « imprimante » et on remarque qu'il en existe beaucoup d'autres. Les enfants constatent la présence d'un petit trait vertical qui clignote au début de l'espace de travail. Le maître les laisse découvrir la relation qui s'établit entre la touche du clavier sur laquelle on appuie, et ce qui apparaît à l'écran. On cherche alors les lettres de son prénom. Les enfants commentent oralement leur démarche et remarquent que si les touches du clavier sont en majuscules, elles apparaissent en minuscule sur l'écran. Certains ont laissé le doigt enfoncé trop longtemps sur une touche, et constatent une série de lettres identiques sur l'écran. Le maître explique le rôle de la touche **Retour** qui permet de revenir en arrière et donc d'effacer une erreur de frappe.

Troisième temps : Apprentissage de la sélection, modification de la taille et des couleurs des caractères
On décide d'améliorer la présentation. Il faut d'abord **sélectionner** le texte que l'on veut modifier en plaçant le curseur devant la première lettre du mot, et en laissant le doigt enfoncé sur le bouton gauche de la souris, faire glisser ce curseur sur la totalité du mot puis relâcher le bouton. On constate la présence d'un cadre foncé sur le mot. Les enfants s'entraînent plusieurs fois pour effectuer correctement cette manipulation. Maintenant, on repère en haut de l'écran un cadre contenant un nombre. Après avoir cliqué sur la petite flèche à droite, une liste de nombres apparaît ; on choisit le nombre 48 et on s'aperçoit que la taille des lettres a beaucoup augmenté. On fait des essais en choisissant d'autres tailles et on s'aperçoit que plus le nombre que l'on a choisi est grand, plus les lettres ont une taille volumineuse.

Les enfants utilisent le même principe pour mettre une couleur sur leur prénom : il faut sélectionner le prénom puis repérer en haut de l'écran une icône représentant une palette de couleur, puis cliquer sur la couleur qui convient.

Enfin, on s'aperçoit que pour enlever la sélection sur le prénom, il faut cliquer n'importe où sur la feuille mais en dehors de cette sélection.

Quand les enfants sont satisfaits, ils impriment leur prénom sur une feuille, en cliquant sur l'icône « Imprimer » de la barre d'outils, puis comparent leur travail.

Enfin, ils rangent ce document dans le classeur.

Comme à chaque fin de séance, on éteint correctement les ordinateurs et on revoit le vocabulaire : *traitement de texte, Wordpad, touche Espace, touche Retour, sélectionner,* et on rappelle la marche à suivre pour modifier la taille et la couleur des caractères.

● Évaluation

- Les enfants ont-il su retrouver les lettres qui leur permettent d'écrire leur prénom et localiser des touches de fonctions : la touche Espace et la touche Retour ?

- Ont-il réussi à modifier l'aspect des lettres de leur prénom – taille et couleur – et ont-ils compris le sens de cette démarche ?

● Prolongement

Les enfants découpent sous la forme d'une étiquette le prénom qu'ils ont tapé et imprimé et le collent sur la couverture de leur classeur.

● Remarques et conseils

Les enfants aiment taper sur le clavier. Profiter de cet intérêt pour compléter un travail réalisé en classe. Cela leur permet de revoir les notions acquises mais aussi de les reproduire sur un autre support. C'est intéressant pour les enfants qui ont des difficultés, car l'ordinateur ne crée pas le même rapport au maître : ici, l'enfant est seul juge et exécutant.

Des Activités Satellites

● AS 1 : Saisir des mots

Taper et imprimer des mots simples appris en classe.

● AS 2 : Repérage sur le clavier

À partir de la photocopie d'un clavier distribué, chacun colorie en bleu les lettres de son prénom, en vert la barre d'espace et en jaune la touche Retour.

Séquence 6

DÉCOUVRIR LE CLAVIER ET SAUVEGARDER

Une Unité Pédagogique		Des Activités Satellites
Titre : Découvrir le clavier et sauvegarder **Nombre d'enfants :** 8 **Préparation du maître :** 20 minutes **Durée :** 45 minutes **Reprises :** 6 fois avec des thèmes différents **Période de l'année :** janvier à juin	AS 1 AS 2	**Titre :** Replacer des touches **Nombre d'enfants :** 8 à 10 **Titre :** Taper des mots **Nombre d'enfants :** 8 à 10

▬▬ Une UP cognitive avec le maître

● Matériel

– Les ordinateurs de la classe.
– Des feuilles de papier blanc format A4, une comptine imprimée.

● Objectifs

- Découvrir les touches spéciales du clavier.
- Saisir un petit texte.
- L'enregistrer pour le conserver et le retrouver plus tard.

● Stratégie

Première étape : Observation du clavier
On rappelle d'abord les touches déjà observées : on revoit l'emplacement de la **barre d'espace** et de la touche **Retour**. Puis le maître explique que l'on va saisir une petite comptine apprise en classe, en se servant du modèle que l'on pose à côté de l'ordinateur. Le maître précise l'importance de la touche **Entrée** qui va permettre, à la fin d'un vers, d'aller à la ligne pour continuer à saisir sur une autre ligne. Il précise également le rôle de la touche **MAJ**. En appuyant en même temps sur cette touche et la lettre désirée, on obtient une lettre majuscule ; on relâche ensuite les deux touches. Le maître indique que pour taper tout un mot ou toute une ligne en lettres capitales, il est plus facile de verrouiller le clavier en mode majuscule en appuyant sur la flèche juste au-dessus de la touche MAJ représentée par un petit cadenas.
Pour remettre le clavier en minuscule, il faut appuyer à nouveau sur la touche MAJ.
On remarque enfin que sur certaines touches, on voit deux caractères : c'est le cas notamment du point dont on va se servir. On précise que sur ce genre de touches, le caractère du bas s'obtient en tapant normalement sur le clavier et celui du haut avec la combinaison de touche **MAJ + touche**.
On décide d'utiliser toutes ces notions au cours d'un exercice d'application.

Deuxième étape : Expérimentation
Les enfants allument les ordinateurs et lancent le programme de traitement de texte *Wordpad* en double-cliquant sur son icône sur le bureau. Tout à tour, les enfants tapent une ligne de la comptine. On remarque que la première lettre est une majuscule et on appuie en même temps sur **MAJ + T** puis on recherche chaque lettre. Après avoir taper la dernière lettre de la première ligne, les enfants remarquent que la seconde ligne commence sous la première et appuient sur la touche **ENTRÉE** du clavier pour déplacer le curseur au bon endroit et continuer le texte. Au fur et à mesure que l'on écrit, on pense à faire les majuscules. À la fin du texte, on appuie sur **MAJ + point** pour voir apparaître le point.
On décide maintenant d'améliorer la présentation – les caractères sont grossis en taille 24 – avant d'imprimer le document.

Troisième étape : Enregistrement du document

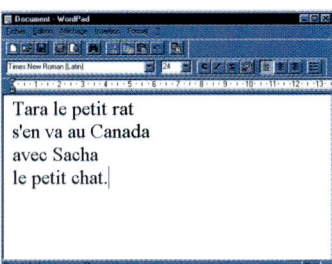

Le maître explique que l'on pourra inventer une suite et continuer la comptine, qu'il est donc utile de conserver le document pour le retrouver plus tard, pour ne pas avoir à le retaper. On s'interroge pour savoir où le texte va être **sauvegardé**. Certains enfants évoquent le **disque dur**. Le disque dur se trouve dans l'unité centrale : c'est comme une armoire dans laquelle on range des choses pour les retrouver plus tard. On y trouve des logiciels connus, mais aussi des documents que l'on désire garder. Ces documents sont aussi appelés des **fichiers**. Le maître indique la marche à suivre pour **enregistrer** le document et les enfants suivent pas à pas la procédure : ils cliquent en haut, dans la barre d'outils, sur l'icône qui se trouve à gauche de l'icône « imprimante » et qui représente la fonction d'enregistrement.

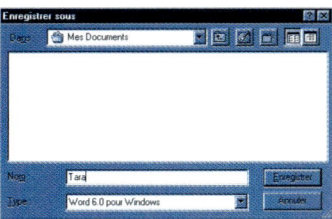

Sur la fenêtre qui s'affiche, on repère en bas la **zone Nom** ; en cliquant dans la longue case blanche, on remarque que le curseur vertical apparaît et on tape le nom que l'on souhaite donner au document, ici « Tara ». Pour conclure, on clique sur le bouton « Enregistrer ».

Le maître ajoute que ce document est enregistré sur le disque dur mais qu'il est d'abord rangé automatiquement dans un **dossier** que l'on peut comparer à un classeur, nommé « Mes documents » afin de le retrouver rapidement sur le bureau. On referme le programme en cliquant sur le bouton de fermeture, on éteint les ordinateurs et les imprimantes. Le travail réalisé est mis dans le classeur réservé à l'informatique. Enfin, on redit les termes appris pendant cette séance : *disque dur*, *sauvegarder ou enregistrer*, *fichier*, *dossier*.

● Évaluation

• Les enfants ont-ils réussi à reproduire un petit texte familier tout en utilisant des touches spéciales du clavier ?

• Ont-ils compris la procédure à suivre pour sauvegarder leur document ainsi que la fonction du disque dur ?
• Savent-ils redire ce qui vient d'être fait ?

● Prolongements

Les enfants travaillent sur la comptine qu'ils ont imprimée. Ils soulignent en bleu les majuscules, entourent en rouge toutes les lettres « a » et rangent le document dans le classeur.

● Remarques et conseils

• La connaissance du clavier développe l'attention visuelle et permet d'acquérir des bases solides.
• **À propos des sauvegardes :** on peut quitter un programme sans avoir peur de perdre son travail, car si on a oublié d'enregistrer le document, le programme affichera toujours un message qui proposera de le faire.

Des Activités Satellites

● AS 1 : Replacer des touches

Distribuer à chaque enfant une photocopie d'un clavier simplifié, où ils devront dessiner les lettres et les touches spéciales qui manquent en s'aidant du véritable clavier.

● AS 2 : Taper des mots

Saisir une fois en lettres capitales puis une fois en lettres minuscules des mots simples : *PAPA, papa, MAMAN, maman*… Grossir les caractères, modifier les couleurs puis imprimer. Relier par un trait les mots identiques d'écritures différentes.

Séquence 7

RETROUVER UN DOCUMENT SAUVEGARDÉ

Une Unité Pédagogique		Des Activités Satellites
Titre : Retrouver un document sauvegardé **Nombre d'enfants :** 8 **Préparation du maître :** 10 minutes **Durée :** 35 minutes **Reprises :** 5 fois avec des textes différents **Période de l'année :** février à juin	AS 1 AS 2	**Titre :** Créer un petit texte **Nombre d'enfants :** 10 à 12 **Titre :** Classer des éléments **Nombre d'enfants :** 10 à 12

● Une UP cognitive avec le maître

● Matériel

– Les ordinateurs de la classe.
– Des feuilles de format A4.

● Objectifs

• Retrouver un document préalablement enregistré sur le disque dur.
• Effectuer des modifications.
• L'enregistrer une fois terminé.

● Stratégie

Premier temps : Observation du bureau
Le maître demande aux enfants de retrouver leur document ; on rappelle qu'il a été enregistré sur le disque dur, et rangé automatiquement dans le dossier « Mes documents ».

 On visualise ce dossier sur le bureau et on double-clique sur son icône.

Le maître demande maintenant aux enfants de double-cliquer sur le document « Tara » et on voit réapparaître le contenu de la comptine à l'écran.

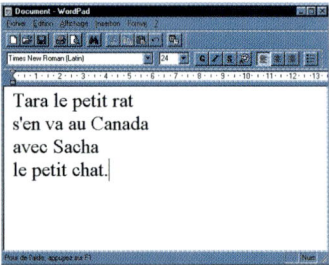

Deuxième temps : Réalisation
On prend soin de vérifier l'emplacement du curseur pour continuer la comptine.
La comptine terminée, on décide d'améliorer la présentation en grossissant les caractères et en mettant des couleurs différentes sur les mots.
Quand chacun est satisfait de l'aspect général, on imprime le document achevé.
Pour l'enregistrer en tenant compte des modifications, on clique à nouveau sur l'icône « Enregistrer » de la barre d'outils.
En quelques secondes, le document est à nouveau sauvegardé avec les nouvelles modifications. Ici la fenêtre « Enregistrer sous » ne réapparaît pas puisque le document a déjà été nommé.
On referme les fenêtres, on éteint les ordinateurs et les imprimantes comme à l'accoutumée.
On reprend le vocabulaire utilisé au cours de cette séance et des précédentes : *double-cliquer, dossier, fichier, barre d'outils, curseur, pointeur, bureau, disque dur, enregistrer, enregistrer sous, imprimer.*

Séquence 1
Présentation d'un ordinateur

Manon et Mickaël s'installent devant l'ordinateur pour commencer une séance.

Séquence 2
Premiers contacts avec l'ordinateur

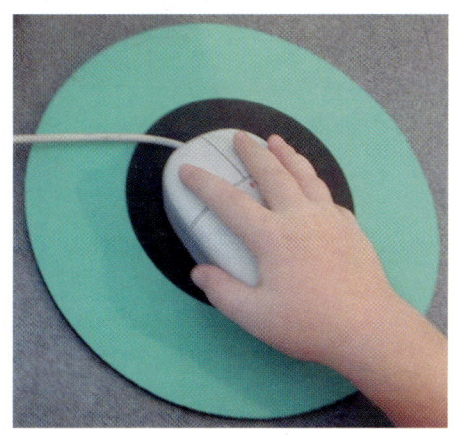

La main de Manon bien posée sur la souris.

Séquence 3
Ouvrir et fermer un programme

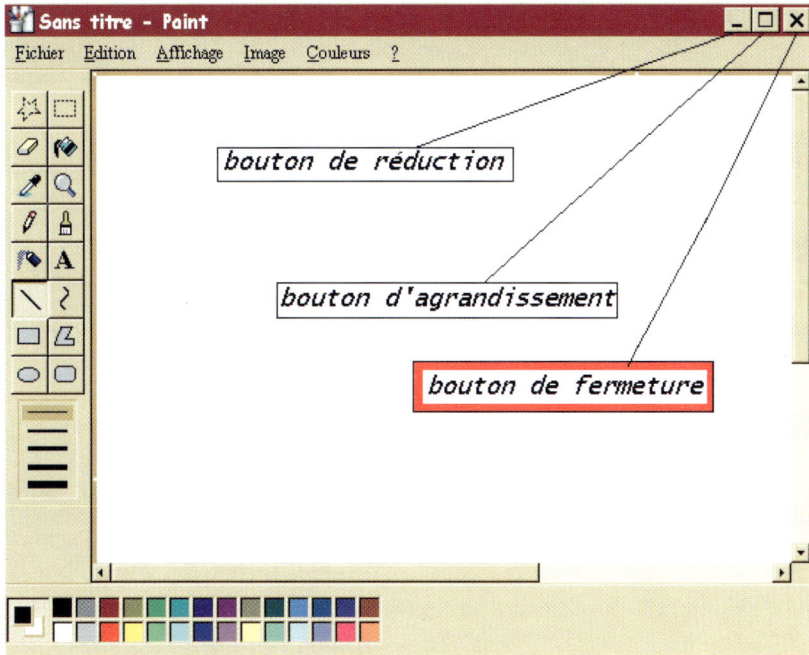

Les boutons principaux de la barre des titres de *Paint*.

Séquence 4
Dessiner avec *Paint*

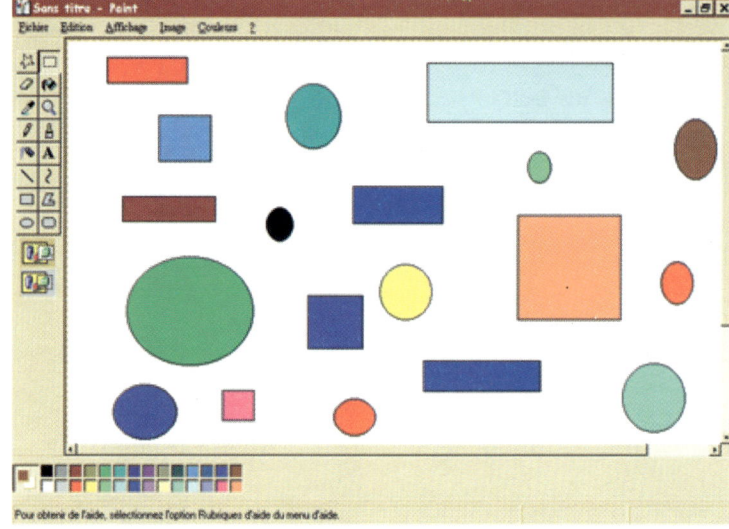

Exemple d'une réalisation,
par Manon, 6 ans.

Séquence 5
Découvrir le clavier avec *Wordpad*

Dimitra et Mickaël
saisissant leur prénom
au clavier.

Séquence 8
Le coloriage informatique

Exemple de coloriage
réalisé par Dimitra, 5 ans,
avec *Le coloriage, c'est facile*.

Séquence 9
Créer une banderole

Exemple réalisé par Mickaël et Manon sur *Print Artist Junior*.

Séquence 10
Créer une affiche

Exemple d'une création de Margaux, 5 ans, sur *Print Artist Junior*.

Séquence 11
Découvrir un logiciel éducatif (1)

Jardin virtuel réalisé par Mickaël, 6 ans, avec *ADIBOU Environnement*.

Séquence 12
Découvrir un logiciel éducatif (2)

Exemple d'un gâteau virtuel réalisé par Mickaël et Dimitra sur *ADIBOU Environnement*.

Séquence 13
Découvrir une application « lecture »

Exercice intitulé « Les histoires logiques », terminé par Margaux, sur le CD-Rom « application » d'*ADIBOU Lecture/Calcul 4/5 ans*.

Séquence 14
Découvrir une application « calcul »

Exercice intitulé « Le pique-nique des lapins », terminé par Dimitra, sur le CD-Rom « application » d'*ADIBOU Lecture/Calcul 4/5 ans*.

● Évaluation

• Les enfants ont-ils suivi et compris la procédure qui leur permet de retrouver leur document ?
• Ont-ils su travailler sur la comptine : la continuer, améliorer la présentation et enregistrer les nouvelles modifications ?
• Sont-ils satisfaits de leurs réalisations ?
• Ont-ils des projets ?

● Prolongements

• Les enfants comparent la première impression de la comptine à celle qui a été achevée durant cette séquence, et dessinent aux feutres un dessin pour l'embellir.
• Travail collectif et oral à partir d'un événement vécu en classe : chacun trouve une phrase et le maître note au fur et à mesure les paroles des enfants.

Des Activités Satellites

● AS 1 : Créer un petit texte

À partir d'un modèle distribué par le maître, on tape un petit texte à l'aide du clavier. On repère le titre en majuscules, les lettres qui composent les mots et les phrases. On respecte les consignes : ne pas oublier les majuscules ni les espaces entre les mots, placer la ponctuation. La présentation est à l'initiative de chacun, puis on imprime le document que l'on range soigneusement dans le classeur.

● AS 2 : Classer des éléments

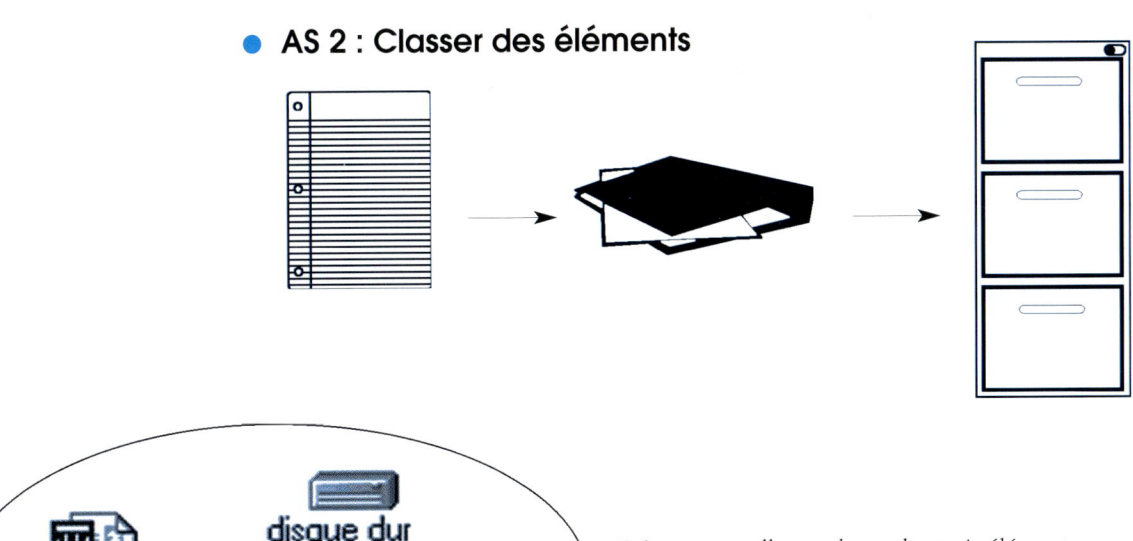

Découper, coller et classer les trois éléments encerclés en respectant l'ordre de rangement selon le modèle ci-dessus.

Séquence 8

LE COLORIAGE INFORMATIQUE

Une Unité Pédagogique		Des Activités Satellites
Titre : Le coloriage informatique **Nombre d'enfants :** 8 **Préparation du maître :** 15 minutes **Durée :** 45 minutes **Reprises :** 6 fois **Période de l'année :** novembre à juin	AS 1 AS 2	**Titre :** Coloriage sur thème libre **Nombre d'enfants :** 8 **Titre :** Reproduire une icône **Nombre d'enfants :** 10 à 12

Une UP cognitive avec le maître

● Matériel

– Les ordinateurs de la classe.
– Du papier format A4 pour imprimer.
– Un logiciel de coloriage (par exemple : *Le coloriage c'est facile !*, collection « Logiciels d'éveil pour les jeunes enfants », Génération 5 multimédia).

● Objectifs

• Se servir d'un CD-Rom.
• Choisir une image en fonction d'un thème, en colorier les différentes parties en respectant les consignes du maître, l'imprimer.

● Préparation

• Installation du logiciel sur le disque dur (l'installation ne se fait qu'une seule fois) :
Insérer le CD dans le lecteur de CD-Rom. Au bout de quelques secondes, la phase d'installation s'affiche à l'écran. Suivre les instructions successives en cliquant d'abord sur le bouton « Installer ».
Une fois installé, le programme peut être lancé en cliquant sur le bouton « Démarrer » puis en pointant sur « Programmes » puis sur la liste qui s'affiche en cliquant sur le logiciel de coloriage.

– Créer une icône sur le bureau. (Voir « Création d'une icône » dans la rubrique « Préparation » de la séquence 2). Le raccourci ainsi créé se nomme *G5 Color*, ce qui n'est pas très évocateur pour les enfants.
– Renommer le raccourci : cliquer dessus avec le bouton droit de la souris et choisir l'option « Renommer » ; le curseur vertical clignote, il ne reste plus qu'à taper le mot « Coloriage » et à valider en cliquant n'importe où sur le bureau.

● Stratégie

Premier temps : Observation
Un matin, le maître propose aux enfants de colorier un dessin à l'aide de l'ordinateur pour compléter une visite du zoo qui vient d'être faite, ou un travail sur les animaux.
On évoque la girafe, les lionceaux et leur maman, les éléphants... Devant l'enthousiasme général, le maître demande d'allumer les ordinateurs, d'insérer le disque du programme de coloriage dans **le lecteur de CD-Rom**. Les enfants avertis repèrent l'emplacement du lecteur sur le panneau avant de l'unité centrale. On clique

sur le bouton juste en dessous du lecteur pour l'ouvrir et on dépose délicatement **le CD-Rom** (en ayant soin de ne pas mettre les doigts dessus), face écrite vers le haut, avant de le refermer en réappuyant sur le même bouton. Les enfants comparent naturellement ce lecteur à celui du CD de musique ; ils repèrent aussi une nouvelle icône en forme de palette sur le bureau qui représente le logiciel de coloriage.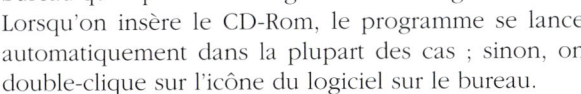
Lorsqu'on insère le CD-Rom, le programme se lance automatiquement dans la plupart des cas ; sinon, on double-clique sur l'icône du logiciel sur le bureau.

Deuxième temps : Exploration du logiciel

Le maître incite les enfants à explorer le logiciel : ils parviennent facilement à définir la fonction des éléments. En bas et au centre, on clique sur les vignettes qui représentent chacune une image différente à colorier, puis sur les flèches mauves à gauche et à droite pour en choisir d'autres. Par exemple, on clique sur une vignette qui représente l'image du lion qui rugit face au rhinocéros. On redit les couleurs de chaque côté de l'image, puis on clique sur une couleur : on remarque que le pinceau se déplace sur la couleur choisie ; enfin, on clique sur la zone du dessin à remplir. On s'amuse aussi à cliquer sur la vignette à gauche qui représente une étoile jaune et on constate que l'image se remplit alors d'effets spéciaux, comme par magie. On clique à nouveau sur cette vignette pour faire disparaître les effets.

Troisième temps : Impression du dessin

Il ne reste plus qu'à imprimer le document : la vignette qui représente une paume de main remplit en partie cette fonction. Sur la fenêtre qui s'affiche, on suit les instructions en tapant dans la zone blanche le mot « **PASS** » et plusieurs options apparaissent.

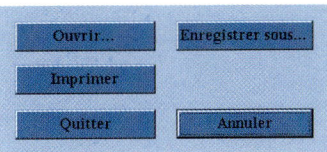

On clique sur le bouton « Imprimer » pour lancer l'impression.
De nouveau sur le dessin, on clique encore sur l'icône de la paume de main, on entre le mot « PASS » qui permet d'accéder aux différentes fonctions et on clique sur « ***Quitter*** » pour refermer le programme. On sort et on range le CD.
On éteint correctement les ordinateurs et les imprimantes, comme à chaque séance.
Puis, on range les dessins dans le classeur. On répète le vocabulaire : *lecteur de CD-Rom* et on rappelle les fonctions des mots *ouvrir, annuler, quitter*.

● Évaluation

• Les enfants ont-ils compris comment se servir du lecteur de CD-Rom ?
• Ont-ils su découvrir la fonction des différentes vignettes et colorier une image ?

• Ont-ils découvert l'alternative sur la fenêtre des fonctions, et ont-ils su réinvestir leurs connaissances, en associant l'icône imprimante, déjà vue ailleurs, à la fonction du bouton « Imprimer » ?

● Prolongements

Lors d'un atelier de peinture, reproduire le dessin du lion en utilisant les mêmes couleurs que celles du document imprimé.

Des Activités Satellites

● AS 1 : Coloriage sur thème libre

Se servir du programme du coloriage pour proposer un thème libre à colorier et à imprimer.

● AS 2 : Reproduire une icône

Dessiner ou peindre sur une feuille au format A4 l'icône du programme de coloriage en l'agrandissant, et écrire dessous le nom du programme en lettres capitales.

Séquence 9

CRÉER UNE BANDEROLE

Une Unité Pédagogique		Des Activités Satellites
Titre : Créer une banderole **Nombre d'enfants :** 8 **Préparation du maître :** 15 minutes **Durée :** 45 minutes **Reprises :** 4 fois avec des thèmes différents **Période de l'année :** décembre à juin	AS 1 AS 2	**Titre :** Créer des fiches avec des lettres **Nombre d'enfants :** 8 à 10 **Titre :** Créer un panonceau de porte **Nombre d'enfants :** 10 à 12

Une UP cognitive avec le maître

● Matériel

– Les ordinateurs de la classe.
– Du papier format A4 pour imprimer.
– Un logiciel de pré-PAO (publication assistée par ordinateur) ; par exemple : *Print Artist Junior*, collection « L'Atelier Malin », Sierra.

● Objectifs

- Savoir utiliser un espace de travail pour un titre ou un slogan.
- Modifier l'apparence des caractères : la police, les couleurs, les effets et les formes.
- En combiner les différentes fonctions.

● Préparation

Installer le CD-Rom sur le disque dur en suivant la procédure qui s'affiche à l'écran puis créer un raccourci.

● Stratégie

Premier temps : Langage
La période de Noël est l'occasion idéale pour concevoir toutes sortes de banderoles. Le maître propose aux enfants d'en créer plusieurs pour fêter l'événement. On parle avec entrain de celles que l'on peut voir dans les rues, dans les magasins, et même des banderoles lumineuses que l'on accroche sur le mur de la maison. On décide de décorer la classe, d'en fabriquer pour orner la cantine, la salle de repos et la bibliothèque.

Deuxième temps : Expérimentation
Les enfants allument les ordinateurs et les imprimantes, insèrent le CD *Print Artist Junior* dans le lecteur et double-cliquent sur l'icône du bureau, si le programme ne se lance pas automatiquement. Ils tapent leur prénom sur la première fenêtre. Très vite, on s'aperçoit que lorsqu'on bouge la souris, le pointeur représenté à l'écran par une petite main avec un doigt pointé, est aussi accompagné d'une voix qui nomme chaque élément de la fenêtre.
Ainsi, on se familiarise avec les différents bruitages, les boutons, et on comprend leurs fonctions.
On sélectionne l'icône « **Banderole** » de la fenêtre des projets, et on choisit le format « paysage » trois pages pour que la banderole soit grande. Le maître pose trois feuilles de papier les unes à côté des autres pour que chacun puisse bien se rendre compte de la taille réelle de la banderole.
On clique ensuite sur le bouton de fermeture pour faire apparaître la barre d'outils. On identifie les différentes

fonctions des icônes et on clique sur celle qui permet d'insérer du texte représentée par une machine à écrire.

Chaque groupe d'enfants va taper un texte différent : *JOYEUX NOËL, BONNES FÊTES, BONNES VACANCES…*

On tape les lettres directement sur la fenêtre, en ayant soin d'appuyer sur la touche *Maj* pour activer les majuscules, et en tapant d'abord le tréma avant la lettre E. On clique ensuite sur la main fermée au-dessus du texte et on le fait glisser sur la partie supérieure blanche qui représente la banderole.

On constate que le texte est trop petit ; on va alors l'agrandir en cliquant sur les petits carrés noirs du cadre qui l'entoure : ce sont **les poignées** qui permettent de redimensionner le texte. Les enfants sont satisfaits quand le texte occupe l'espace entier.

On distingue maintenant sur le côté droit de la fenêtre quatres icônes que l'on va tester et qui permettent d'améliorer considérablement la présentation du texte.

On clique pour commencer, sur l'icône « **E** » : on essaie les différentes possibilités **des effets** et  on remarque que le texte prend automatiquement les caractéristiques de l'option choisie. Finalement, on clique sur l'option « ***découper*** » et on constate que chaque lettre est joliment enfermée dans un petit cadre rempli.
Sur l'icône suivante « ***couleurs*** » : on choisit le vert qui rappelle le sapin de Noël.
L'icône « **ABC** » permet de modifier la **police de caractères**. Après divers essais, on choisit la police « Balloon » puis l'option « chancelant ». On remarque alors que les lettres sont plus épaisses et qu'elles sont décalées les unes par rapport aux autres, donnant un aspect amusant aux mots.
Enfin, la dernière icône permet de choisir « **une forme** » globale pour le texte. On s'amuse à tester ces formes et on fait des commentaires. On finit par opter pour le style « vague ». On constate alors que l'on est parvenu à associer plusieurs attributs sur le même groupe de mots.
Quand chacun trouve sa composition réussie, on clique sur l'icône « imprimante », puis sur « Imprimer » en mode normal. Les trois parties sortent successivement. On réunit les trois feuilles avec du ruban adhésif pour former la banderole. On revient sur l'écran principal, on clique sur l'icône « Quitter » pour sortir du logiciel. On range les CD avant d'éteindre les ordinateurs et les imprimantes.
Le maître affiche les créations dans la classe, mais aussi à l'extérieur pour valoriser le travail des enfants.
À la fin de la séance, on répète le vocabulaire appris : *banderole, poignées, effets, formes, police de caractères.*

● Évaluation

• Les enfants sont-ils parvenus à utiliser pleinement leur espace de travail ?

• Les effets textuels sont-ils réussis ?
• Les enfants ont-ils d'autres projets de banderoles ?

● Prolongements

On imprime une deuxième fois les banderoles, puis on découpe chaque lettre avec son cadre coloré. On replace les lettres dans le bon ordre et on les colle sur un autre support. Tout autour, on décore la feuille en peignant des boules de Noël, des guirlandes…
Le maître affiche le travail terminé.

Des Activités Satellites

● AS 1 : Créer des fiches avec des lettres

Sur la fenêtre des projets, choisir l'icône « fiches », puis dans la catégorie « Pour s'amuser » choisir une fiche à imprimer : lettre de A à D, de E à H… On découpe les lettres, on les replace dans le bon ordre et on les colle sur une feuille grand format.

● AS 2 : Créer un panonceau de porte

Sur la fenêtre des projets, on clique sur « panonceau de porte ». Dans la catégorie « Pour s'amuser », on sélectionne un modèle. On clique sur l'icône « Insertion de texte ». Chacun écrit son prénom et en améliore librement la présentation. On imprime, on découpe puis on colle les deux faces. On découpe le cercle pour pouvoir accrocher le panonceau.

Séquence 10

CRÉER UNE AFFICHE

Une Unité Pédagogique	Des Activités Satellites	
Titre : Créer une affiche **Nombre d'enfants :** 8 **Préparation du maître :** 10 minutes **Durée :** 30 minutes **Reprises :** 6 fois avec des thèmes différents **Période de l'année :** décembre à juin	AS 1 AS 2	**Titre :** Création d'un mobile **Nombre d'enfants :** 8 à 10 **Titre :** Création d'un cadran d'horloge **Nombre d'enfants :** 8 à 10

■ Une UP cognitive avec le maître

● Matériel

– Les ordinateurs de la classe.
– Du papier format A4 pour imprimer.
– Un logiciel de pré-PAO (par exemple : *Print Artist Junior*, collection « L'Atelier Malin », Sierra).

● Objectifs

• Suivre les étapes logiques qui permettent la réalisation d'un document.
• Choisir des images dans une bibliothèque virtuelle.
• Gérer l'espace de la feuille : savoir déplacer et redimensionner des images.

● Stratégie

Premier temps : Langage
Un matin de décembre, les enfants discutent des commandes à faire au Père Noël. On évoque des ballons, des ours en peluche, des poupées… Le maître propose la création d'une affiche agrémentée d'images ou de photos. Chacun pourra choisir en images ses jouets préférés, les agrandir ou les diminuer, et les déplacer sur sa feuille.

Deuxième temps : Expérimentation
Les enfants allument les ordinateurs. Ils insèrent le CD-Rom qui, dans la plupart des cas, lance le programme automatiquement, ou double-cliquent sur l'icône du logiciel.
Sur la fenêtre des projets, ils cliquent sur la première image nommée « Affiche » puis sélectionnent le ***format portrait*** qui imprimera la réalisation terminée dans le sens vertical de la feuille.
Ils décident ensuite de choisir leurs illustrations et cliquent sur le petit bouton de fermeture en bas de la fenêtre, laissant apparaître une barre d'outils. Sur celle-ci, ils sélectionnent l'icône représentant un appareil photo rouge qui permet de choisir des images.
Une petite fenêtre s'affiche en bas de l'écran ; on rappelle les lettres de l'alphabet sur la barre horizontale verte, puis on clique sur la lettre J puisqu'il s'agit de « Jouets » que l'on va insérer.

Les enfants vont faire défiler les images en cliquant sur la petite flèche noire pointée vers le bas, située tout à fait à droite de la fenêtre. Ils peuvent aussi les faire défiler dans le sens inverse en cliquant sur la flèche qui pointe vers le haut.
Le maître définit ce terme : ces flèches s'appellent des ***flèches de défilement***.
Chacun décide de choisir une image en cliquant dessus,

en laissant le doigt sur la souris, et en la transportant sur la feuille. On constate que l'image est encadrée par un filet noir. On déplace alors le pointeur de la souris au centre de l'image. On constate qu'il se transforme en petite main, et on peut positionner l'image à n'importe quel endroit de la feuille en maintenant le doigt enfoncé sur la souris. Cette action s'appelle le ***glisser-déplacer***.

Quand l'emplacement de l'image convient, on cherche à agrandir le dessin. Il suffit de placer le pointeur sur un des petits carrés noirs du cadre. Quand il se transforme en double flèche rouge, on laisse le doigt enfoncé sur la souris et on étire le cadre vers l'extérieur.

Pour diminuer le dessin, on fait glisser la flèche rouge vers l'intérieur de l'image. On recommence la manipulation avec d'autres jouets que l'on place et que l'on redimensionne.

On note bien que pour faire apparaître le cadre qui permet de sélectionner une image, il suffit de cliquer une fois sur cette image.

Quand chacun est satisfait de sa création, on imprime. On clique sur l'icône « Imprimante », on visualise d'abord sous forme d'aperçu le document avant de cliquer sur « Imprimer » pour lancer l'impression.

On sort du logiciel en cliquant sur le bouton « Menu », pour revenir sur l'écran principal, puis sur le bouton « Quitter ». On sort puis on range le CD.

À la fin de la séance, on éteint les ordinateurs et les imprimantes.

On répète les termes nouveaux : *format portrait, flèches de défilement, glisser-déplacer, aperçu*.

● Évaluation

- Les enfants sont-ils parvenus à suivre facilement la logique des différentes étapes de leur création, et à se repérer sur le plan de l'écran ?
- Ont-ils su faire un choix judicieux dans les images proposées et sont-ils parvenus à les redimensionner ?
- Sont-ils satisfaits de leur créations ?
- Quels sont leurs projets ?

● Prolongement

Écrire en lettres capitales, sur la feuille imprimée, le nom de chaque image.

● Remarque

Dans un logiciel de PAO, les projets et les modèles offrent de nombreuses possibilités qui pourront être largement exploitées en fonction des périodes de l'année, du programme scolaire, de l'évolution et des idées des enfants.

Des Activités Satellites

● AS 1 : Création d'un mobile

Les enfants choisissent librement une catégorie de mobiles puis un modèle qui leur plaît. Une fois imprimés, les mobiles sont découpés puis assemblés et collés.

● AS 2 : Création d'un cadran d'horloge

Chacun choisit dans le projet « Cadran d'horloge » le modèle qu'il veut et l'imprime.

Séquence 11

DÉCOUVRIR UN LOGICIEL ÉDUCATIF (1)

Une Unité Pédagogique		Des Activités Satellites	
Titre : Découvrir un logiciel éducatif (1) **Nombre d'enfants :** 8 **Préparation du maître :** 15 minutes **Durée :** 35 minutes **Reprises :** 5 fois **Période de l'année :** à partir de novembre		AS 1 AS 2	**Titre :** Planter dans le potager **Nombre d'enfants :** 8 à 10 **Titre :** Choisir des abris pour les animaux **Nombre d'enfants :** 8 à 10

Une UP cognitive avec le maître

● Matériel

– Les ordinateurs de la classe.
– Un logiciel éducatif : *ADIBOU 4-5 et 6-7 ans*, Coktel (qui comprend un CD-Rom environnement identique + un CD-Rom application).

● Objectifs

• Appréhender la logique informatique avec un logiciel éducatif.
• Découvrir un univers interactif, vivant et créatif.
• Se repérer dans l'écran : remarquer les changements de formes et les fonctions du pointeur.

● Préparation

Installer le logiciel puis créer un raccourci.

● Stratégie

Premier temps : Langage
À la suite de différentes études et observations effectuées sur la nature et les fleurs, le maître propose aux enfants de compléter leurs connaissances par la création d'un jardin virtuel : chacun parle de ses fleurs préférées tout en décrivant leur taille et leur couleur. On évoque les étapes successives de la vie d'une fleur.

Deuxième temps : Découverte du logiciel

Ravis de pouvoir créer leur jardin, les enfants allument les ordinateurs et observent une nouvelle icône sur le bureau.
Certains élèves connaissent déjà ce logiciel et le nomment : c'est *Adibou*, un petit personnage sympathique et malicieux issu d'un univers imaginaire, ludique et créatif, riche de jeux et d'aventures passionnantes.
Après avoir inséré le CD-Rom dans le lecteur, le logiciel se lance automatiquement.
Quelques notes de musique entraînantes guident les enfants sur le premier écran qui leur propose de se familiariser avec l'environnement : on écoute attentivement Adibou expliquer les formes principales que peut prendre le pointeur en fonction des actions réalisées :
– *une petite main avec l'index pointé vers le haut* signifie que la zone est active et peut être cliquée ;
– si *le dos de la main* apparaît, c'est que la zone est inactive et si on clique, il ne se passe rien.
Lors de cette première utilisation, les enfants inventent un personnage qui va mémoriser, au fur et à mesure,

l'avancement de leur travail. On sélectionne d'abord le visage avec le masque, puis on clique sur les différentes parties : nez, bouche, cheveux… pour créer un portrait personnalisé auquel on pourra s'identifier facilement à chaque utilisation. Quand on a terminé, on clique en bas de la fenêtre sur l'icône en forme de pouce, pour confirmer.

D'une voix amicale et joyeuse, Adibou demande maintenant aux enfants de taper leur prénom et pour terminer l'inscription, ils doivent rechercher dans un calendrier leur date de naissance. Le maître intervient dans cette étape pour les aider.

Les enfants pénètrent, dans le monde magique d'Adibou. Le maître leur demande de décrire ce qu'ils voient, puis leur propose de s'orienter vers le jardin en cliquant sur les sacs de graines sur la gauche de l'écran. Les petits « jardiniers » testent leur créativité en semant sur leur parcelle de terre des graines de différentes couleurs. Ils comprennent vite la logique des différentes étapes à suivre : pour prendre une graine, on « clique » le sac, pour la planter on « clique » la terre, pour l'arroser on « clique » l'arrosoir.

Enchantés, les enfants observent l'éclosion, puis l'évolution des premières fleurs et s'amusent à comparer leurs tailles et leurs couleurs. Le maître recueille les commentaires : on remarque que l'on peut cueillir une fleur en cliquant sur une fleur épanouie. Un enfant parle même de magie : il constate que lorsque deux fleurs ont poussé, elles fanent en donnant naissance à une troisième fleur, mélange des couleurs des deux premières.

Quand les jardins sont bien fleuris et les enfants satisfaits de leur création, on clique sur l'icône « Télé », en bas et à droite de la fenêtre pour sortir du logiciel.

On reparle des différentes formes prises par le pointeur au cours de la séance, puis on évoque la magie des couleurs des fleurs tout en projetant d'en planter de nouvelles très bientôt.

Pour clore la scéance, on sort le CD-Rom du lecteur pour le ranger dans son boîtier. On éteint les ordinateurs.

● Évaluation

- Les enfants ont-ils découvert facilement la logique du logiciel à travers l'activité de jardinage ?
- Ont-ils bien su différencier et comprendre les fonctions des différentes formes du pointeur ?
- Ont-ils apprécié la compagnie chaleureuse d'Adibou ?

● Prolongement

Reproduire de mémoire le jardin virtuel réalisé sur le logiciel. Dessiner sur une grande feuille des fleurs de différentes tailles et de différentes couleurs. Le maître affiche les compositions terminées.

Des Activités Satellites

● AS 1 : Planter dans le potager

Sur le même CD-Rom, les enfants plantent une rangée de tomates, d'épinards, de carottes, de fraises et de blé et commentent oralement les différentes étapes du mûrissement de chaque plant, légume et fruit.

● AS 2 : Choisir des abris pour les animaux

Sur le même CD-Rom, les enfants se dirigent vers l'arbre creux et cliquent à l'intérieur. Ils choisissent un modèle pour abriter les oiseaux, une niche pour le chien et une ruche pour les abeilles.

Séquence 12

DÉCOUVRIR UN LOGICIEL ÉDUCATIF (2)

Une Unité Pédagogique		Des Activités Satellites	
Titre : Découvrir un logiciel éducatif (2) **Nombre d'enfants :** 8 **Préparation du maître :** 10 minutes **Durée :** 35 minutes **Reprises :** 5 fois **Période de l'année :** à partir de novembre		AS 1 AS 2	**Titre :** Autour d'une chanson **Nombre d'enfants :** 12 à 18 **Titre :** Construire un puzzle **Nombre d'enfants :** 10 à 12

Une UP cognitive avec le maître

● Matériel

– Les ordinateurs de la classe.
– Du papier format A4 pour imprimer.
– Le CD-Rom « environnement » du logiciel éducatif *ADIBOU Lecture/Calcul 4-5 ans, Coktel.*

● Objectifs

• Approfondir la découverte de la logique informatique.
• Appréhender l'alternative.
• Se repérer dans l'écran : mémoriser les principales icônes et comprendre leurs fonctions.

● Stratégie

Premier temps : Langage
Les enfants ont participé à un atelier de cuisine au cours duquel ils ont préparé un gâteau. Ils ont choisi les ingrédients et ont compris l'importance de bien les doser ; le maître propose la réalisation d'un gâteau virtuel créé avec un logiciel éducatif.
Curieux, les enfants s'interrogent sur le gâteau en question : chacun parle de ses préférences, de ses goûts. Les enfants orientent leur choix sur la préparation d'un gâteau au chocolat.

Deuxième temps : Expérimentation
On allume les ordinateurs et on insère le CD-Rom dans le lecteur. Le logiciel se lance automatiquement. On sélectionne le visage que l'on a récemment personnalisé et créé avec son prénom, puis on pénètre dans le pays d'Adibou.
On décide de se diriger vers la maison où l'on distingue différentes activités : le casse-briques, le jeu des portraits, la palette graphique…

Troisième temps : Réalisation du gâteau

On choisit de s'orienter vers la cuisine en cliquant sur la porte décorée d'un cadre de gâteau. On observe l'écran : la pièce, le réfrigérateur, la fenêtre, le petit robot cuisinier, le récipient bleu.
On définit la fonction des principales icônes en bas de la fenêtre et on rappelle celles que l'on connaît déjà : *l'icône du livre ouvert* permet d'imprimer de véritables recettes ; *l'icône suivante est barrée* : si on clique dessus, il ne se passe rien ; *l'icône du pouce pointé vers le haut*, bien mémorisée par les enfants, sert à enregistrer leur réponse ; *l'icône du clown* permet de choisir le niveau

sur lequel on veut jouer. On peut commencer par le clown qui jongle avec une balle : c'est le niveau 1, le plus facile, puis continuer avec le clown qui jongle avec deux balles, le niveau 2, et finir sa progression avec le clown qui jongle avec trois balles, le niveau 3 ; *l'icône représentée par un serpent bleu* permet de recommencer l'activité ; *l'icône en forme de point d'interrogation* représente l'aide disponible. Il suffit de cliquer dessus puis sur un élément de l'écran pour obtenir des informations orales ; *l'icône de la porte* permet de quitter l'activité pour revenir sur l'écran principal.

C'est dans cette cuisine magique que l'on va réaliser le gâteau au chocolat en suivant sa recette. Pour la choisir, on clique d'abord sur le clown pour sélectionner le niveau 1 : on remarque plusieurs illustrations de gâteaux, puis on choisit le modèle du gâteau au chocolat. On observe les ingrédients nécessaires ainsi que les quantités dont on a besoin.

On clique successivement sur les bons ingrédients du réfrigérateur en respectant les quantités demandées. Quand on a terminé, on valide son travail.

On peut ensuite choisir et disposer différents éléments de décoration sur le gâteau.

Pour imprimer, on sort de l'atelier, on clique sur la palette graphique, puis sur l'icône qui représente une petite maison et un arbre et enfin sur la vignette du gâteau.

Pour le placer, on clique sur la feuille blanche puis on l'imprime en cliquant sur l'icône « Imprimante ».

Chacun a réalisé un gâteau appétissant et commente sa décoration. Pour finir la séance, on clique sur la porte pour quitter la palette graphique et retourner sur l'écran principal. À l'extérieur de la maison, on clique sur l'icône « Télé » pour quitter le logiciel.

On reparle des icônes vues. On range le document dans le classeur après avoir rangé les CD-Rom et éteint les ordinateurs.

● Évaluation

- Les enfants ont-ils réussi à suivre les étapes successives et logiques de l'activité ?
- Ont-ils reconnu les ingrédients et ont-ils bien su les doser pour réaliser le gâteau au chocolat ?
- Ont-ils pu deviner la fonction de certaines icônes et les ont-ils mémorisées ?

● Prolongement

Chacun dessine sur une feuille son gâteau préféré et le décore librement.

Le maître affiche les créations puis on les commente.

● Remarques

- Les activités pourront être reprises souvent par les enfants, afin de leur permettre d'évoluer rapidement sur les trois niveaux et de maîtriser l'environnement proposé : simple, sérieux, progressif et attractif.
- En fonction des possibilités, faire évoluer chaque enfant individuellement sur le logiciel. La création d'un personnage au départ permet la personnalisation du travail ainsi qu'un suivi régulier et progressif.

Des Activités Satellites

● AS 1 : Autour d'une chanson

On clique dans la maison d'Adibou sur « Téléadibou » et on choisit la chanson des trois petits chats (auteurs-compositeurs : Claude Jardin et Jean-Louis Fontenreau). Lorsque le clip animé a été écouté et visualisé plusieurs fois, le maître note les paroles et imprime un exemplaire pour chacun. On dessine à côté du texte les trois petits chats tels qu'ils ont été observés.

● AS 2 : Construire un puzzle

On clique sur un modèle, on l'observe attentivement puis on choisit un niveau et on reconstitue le puzzle.

Séquence 13

DÉCOUVRIR UNE APPLICATION « LECTURE »

Une Unité Pédagogique		
Titre : Découvrir une application lecture **Nombre d'enfants :** 8 **Préparation du maître :** 10 minutes **Durée :** 35 minutes **Reprises :** au moins une fois par mois **Période de l'année :** à partir de novembre		

Des Activités Satellites	
AS 1	**Titre :** Mémo des animaux **Nombre d'enfants :** 8
AS 2	**Titre :** Dominos **Nombre d'enfants :** 8 à 10
AS 3	**Titre :** Classements **Nombre d'enfants :** 8 à 10

Une UP cognitive avec le maître

● Matériel

– Les ordinateurs de la classe.
– Les CD-Rom « environnement » et « application » du logiciel éducatif *ADIBOU Lecture/Calcul 4-5 ans*, Coktel.

● Objectifs

• Compléter les notions acquises dans le programme scolaire, par des exercices de lecture sur un CD-Rom éducatif.
• Appréhender l'alternative et faire des choix.
• Acquérir une méthode logique de travail.

● Stratégie

Premier temps : Langage
Un matin, on étudie la notion de temps en reconstituant une histoire et en classant des images selon leur ordre chronologique. On évoque l'exercice que l'on a réalisé : on parle du nombre de vignettes que l'on a replacées, du sens de l'histoire. Le maître décide d'approfondir cette séance en s'entraînant sur les exercices du CD « application » : « Lecture/Calcul ».

Deuxième temps : Étude de l'application « Lecture »

Les enfants insèrent le **CD-Rom « environnement »** puis sélectionnent leur portrait personnalisé. Sur l'écran principal, en bas à droite, ils observent la pancarte et parlent de ses caractéristiques : des chiffres et des lettres amusantes de couleurs différentes. Ils cliquent sur ce panneau pour accéder au « pays du savoir » et y découvrir les activités pédagogiques divisées en deux matières principales : lecture et calcul.

À la demande d'Adibou, ils insèrent le **CD-Rom « application »**, puis sur l'écran du choix des activités commentent les images qu'ils voient avant de se diriger vers l'application « lecture » en sélectionnant l'image du moulin.
Le maître leur demande de cliquer sur la tête de l'hippopotame, intitulée « les histoires logiques », puis de choisir le niveau 1.
On suit la consigne orale qui peut être réécoutée en cliquant sur l'icône en forme d'oreille.
On voit que l'histoire est découpée en cinq parties : la première et la dernière image sont déjà placées. On observe attentivement chaque illustration, on évoque

ce qu'elle représente, puis on réfléchit sur l'ordre logique de chacune d'entre elles, avant de les positionner correctement.

On clique successivement sur chaque image puis sur l'emplacement choisi, avant de valider l'exercice.

Adibou félicite les enfants et leur propose deux autres exercices dans le même niveau.

Au terme des trois exercices, Adibou s'anime en musique pour récompenser les réussites.

On clique sur l'icône de la porte pour retrouver l'écran principal des applications, puis sur l'icône « Télé » pour sortir du logiciel. On sort les CD-Rom pour les ranger. On éteint les ordinateurs. À la fin de la séance, on discute ensemble des histoires reconstituées.

● Évaluation

• Les enfants ont-ils réussi leurs exercices en suivant les consignes orales d'Adibou ?
• Ont-ils fait des choix judicieux ?
• Ont-ils acquis une méthode logique de travail ?
• Que pensent-ils du travail réalisé sur CD-Rom éducatif par rapport à celui réalisé sur un fichier ?

● Prolongements

Les enfants dessinent sur une feuille les différentes étapes de la vie d'une fleur. Le maître les aide en leur proposant successivement de semer une graine de couleur, découvrir la tige, observer le bouton, contempler la fleur épanouie, constater que la fleur est fanée.

● Remarques

Les activités d'*ADIBOU* couvrent le programme scolaire et chaque notion abordée en classe pourra être complétée par un jeu sur le CD « application » 4-5 ans puis 6-7 ans – on pourra commencer par le premier CD puis continuer avec le second CD en fonction des progrès de chacun.

Au stade des applications, chaque enfant doit pouvoir travailler seul afin qu'il soit possible de suivre sa progression grâce à l'écran des critères pédagogiques qui peut être consulté à tout moment. Il détaille le travail de chaque enfant et indique le nombre d'exercices réalisés et réussis.

Des Activités Satellites

● AS 1 : Mémo des animaux

Sur le CD-Rom « application lecture », utiliser le jeu intitulé « le mémo des animaux ».

● AS 2 : Dominos

Sur le CD-Rom « application lecture », s'exercer sur l'activité « les dominos » pour remettre dans l'ordre les animaux en raccordant les images et les syllabes.

● AS 3 : Classements

S'exercer sur le jeu de l'application « lecture » intitulé « les brochettes ». Classer des éléments de différentes tailles et de différentes couleurs dans le bon ordre.

Séquence 14

DÉCOUVRIR UNE APPLICATION « CALCUL »

Une Unité Pédagogique		Des Activités Satellites
Titre : Découvrir une application calcul **Nombre d'enfants :** 8 **Préparation du maître :** 10 minutes **Durée :** 30 minutes **Reprises :** au moins une fois par mois **Période de l'année :** à partir de novembre	AS 1 AS 2 AS 3	**Titre :** Retrouver un trajet **Nombre d'enfants :** 8 à 10 **Titre :** Formes géométriques **Nombre d'enfants :** 8 à 10 **Titre :** Ranger des objets **Nombre d'enfants :** 8 à 10

▬ Une UP cognitive avec le maître

- **Matériel**

– Les ordinateurs de la classe.
– Le CD-Rom « application » du logiciel éducatif d'*ADIBOU Lecture/Calcul 4-5 ans*, Coktel.

- **Objectifs**

• Compléter les notions acquises dans le programme scolaire par des exercices de calcul sur un CD-Rom éducatif.
• Apprendre à gérer son travail et à évaluer ses compétences.
• Développer son autonomie.

- **Stratégie**

Premier temps : Langage
Le maître annonce que l'on va fêter l'anniversaire de Marie et manger un bon gâteau pour l'occasion.
Il précise que la petite fille va distribuer des bonbons à la classe. On compte autant de friandises que d'élèves et on conclut logiquement que chacun va pouvoir manger un bonbon. Les enfants sont ravis, et le maître en profite pour définir l'objectif de la séance informatique : utiliser les collections avec la notion « autant que ».

Deuxième temps : Expérimentation
Les enfants allument les ordinateurs et insèrent le **CD-Rom « application »** d'*ADIBOU*. Après avoir retrouvé leur portrait, ils cliquent sur l'application « calcul » de la fenêtre. Le maître les incite à déplacer le pointeur sur les petites images de l'écran – qui représentent chacune une notion pédagogique bien distincte – et ils remarquent qu'Adibou nomme oralement chaque exercice.

Ils parviennent ainsi à associer un nom et une image à une activité.

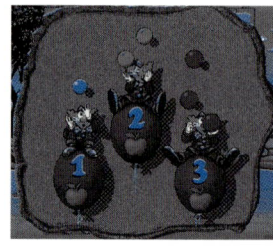

On choisit l'exercice intitulé « le pique-nique des lapins » et le maître profite de l'affichage du choix des niveaux pour rappeler que les trois clowns symbolisent les trois niveaux progressifs ainsi que l'état d'avancement du jeu.
On clique sur le niveau 1 pour commencer et on écoute la consigne orale ; on comprend vite que pour distribuer une carotte à chaque lapin, il faut d'abord compter les lapins puis choisir le panneau qui contient le même nombre de carottes afin de constituer une collection équivalente à la collection proposée.
Au terme de l'exercice, le choix des niveaux est à nouveau proposé : on peut garder le même ou en

changer. On remarque que le travail réalisé sur le premier niveau a été pris en compte car il est symbolisé par une pomme croquée.

Le maître définit ses différents aspects : *la pomme entière* indique un niveau qui n'a pas encore été fait ou qui a été abordé mais qui n'a pas été terminé ; *la pomme à moitié mangée* représente un niveau terminé mais pas encore réussi ; enfin, *la pomme totalement croquée* montre que le niveau est terminé et réussi.

Le maître souligne l'importance de ces symboles qui vont permettre aux enfants de repérer visuellement l'état de l'avancement de leur travail, d'évoluer sur des niveaux supérieurs ou de revenir en arrière. En cas d'erreur, Adibou explique comment réfléchir et accompagne les enfants dans la reprise de leur exercice. Quand les trois niveaux du jeu sont réussis, le maître fait remarquer qu'on peut évaluer son travail grâce à l'icône « score » en bas et à gauche de l'écran. Cette icône représente les résultats obtenus : les exercices réussis sur un même niveau génèrent un point. Tous les cinq points, Adibou félicite et stimule l'enfant en lui offrant un bonbon virtuel.

À la fin, on clique sur l'icône « porte » pour revenir sur l'écran des applications, puis sur l'icône « Télé » pour quitter complètement le jeu. On range les CD-Rom, on éteint les ordinateurs et on rappelle comment sont symbolisés les niveaux.

● Évaluation

- Les enfants ont-ils compris le choix des niveaux qui leur permet de s'auto-évaluer ?
- Prennent-ils davantage d'initiatives ?
- Sont-ils confiants et plus autonomes ?

● Prolongement

Le maître a dessiné sur une feuille plusieurs écrans d'ordinateurs et distribue une photocopie à chacun. Il demande aux enfants de dessiner autant de souris d'ordinateurs que d'écrans.

● Remarque

Il peut être intéressant de proposer plus souvent aux enfants qui rencontrent des difficultés dans un domaine ou un autre, de travailler une activité non acquise en classe avec un logiciel éducatif : cette méthode lève souvent des appréhensions. L'enfant étant seul maître devant son ordinateur, il retrouve souvent confiance en lui tout en intégrant de manière différente cette notion.

Des Activités Satellites

● AS 1 : Retrouver un trajet

Sur le CD-Rom « application », les enfants cliquent sur l'activité appelée « le cactus » et retrouvent un trajet dans un labyrinthe.

● AS 2 : Formes géométriques

Sur le CD-Rom « application », les enfants choisissent l'activité « le jeu de construction » et assemblent des formes géométriques pour reconstituer un modèle.

● AS 3 : Ranger des objets

Les enfants choisissent l'activité intitulée « le départ en vacances » et classent des objets familiers du plus petit au plus grand.

Table des matières

Pour pratiquer la pédagogie différenciée 2

Introduction 3

Séquence 1 : Présentation d'un ordinateur 4

Séquence 2 : Premiers contacts avec l'ordinateur 6

Séquence 3 : Ouvrir et fermer un programme 8

Séquence 4 : Dessiner avec *Paint** 10

Séquence 5 : Découvrir le clavier avec *Wordpad** 12

Séquence 6 : Découvrir le clavier et sauvegarder 14

Séquence 7 : Retrouver un document sauvegardé 16

Séquence 8 : Le coloriage informatique 18

Séquence 9 : Créer une banderole 20

Séquence 10 : Créer une affiche 22

Séquence 11 : Découvrir un logiciel éducatif (1) 24

Séquence 12 : Découvrir un logiciel éducatif (2) 26

Séquence 13 : Découvrir une application « lecture » 28

Séquence 14 : Découvrir une application « calcul » 30

Coordination éditoriale :
Sophie Gohé

Édition :
Christine Delormeau

Correction :
Isabelle Macé

Mise en pages :
Christine Delormeau

Photographies de couverture et de l'encart :
Isabelle Charrière

Maquette de couverture :
Atelier Ovale

Fabrication :
Sylvie Boix

– Les captures d'écran concernant Windows, *Paint* et *Wordpad* sont reproduites avec l'autorisation de Microsoft Corporation. -
– Captures d'écran concernant *Le coloriage, c'est facile* reproduites avec l'autorisation de Génération 5 multimédia.
- Captures d'écran concernant *ADIBOU* et *Print Artist Junior* :
© 2001 Havas Interactive Europe SA.
ADIBOU et COKTEL sont des marques déposées de Havas Interactive Europe SA. Tous droits réservés.

Les cédéroms de référence pour les 4-7 ans !

N° d'éditeur : 10079603-(I)-(2,5)-CSBPC-115° - Imprimé en France par I.M.E. - 25110 Baume-les-Dames
Dépôt légal : Février 2001 - N° d'imprimeur : 14793